Ángel de Saavedra. Duque de Rivas

La azucena milagrosa

Barcelona **2024**
Linkgua-ediciones.com

Créditos

Título original: La azucena milagrosa.

© 2024, Red ediciones S.L.

e-mail: info@linkgua.com

Diseño de cubierta: Michel Mallard.

ISBN tapa dura: 978-84-1126-153-1.
ISBN rústica: 978-84-9816-061-1.
ISBN ebook: 978-84-9897-533-8.

Sumario

Brevísima presentación

La vida
Duque de Rivas, Ángel Saavedra (Córdoba, 1791-Madrid, 1865). España.

Luchó contra los franceses en la guerra de independencia y más tarde contra el absolutismo de Fernando VII, por lo que tuvo que exiliarse a Malta en 1823. Durante su exilio leyó obras de William Shakespeare, Walter Scott y Lord Byron y se adscribió a la corriente romántica con los poemas El desterrado y El sueño del proscrito (1824), y El faro de Malta (1828).

Regresó a España tras la muerte de Fernando VII heredando títulos y fortuna. Fue, además, embajador en Nápoles y Francia.

La azucena milagrosa

Dedicado a don José Zorrilla.

Introducción

Si envolviste mi nombre en el perfume
de tu «silvestre», mágica «azucena»,
en donde se compendia y se resume
toda la gala de tu rica vena,
de agradecida mi amistad presume,
y mi voz, aunque ya cascada suena,
el don te ofrece de sabroso cuento,
a quien da otra azucena el argumento.

No es contender ni competir contigo,
en quien de Calderón arde la llama;
que solamente admiración abrigo
por tu renombre y brilladora fama,
pues raros hay que desde tiempo antiguo
merezcan como tú la verde rama,
que corona tu sien, claro Zorrilla,
lumbrera del Parnaso de Castilla.

¿Ni cómo competir numen helado,
que al Occidente rápido declina,
con el que joven en cenit sentado,
bebe del Sol la inspiración divina?...
Oiga tu acento el orbe entusiasmado
las nubes cruza, entre los astros trina;
mientras tocando el fin de mi viaje,
doy tibia luz a un pálido celaje.

Fe santa y verdadero patriotismo
dieron voz a los bélicos clarines,

despertando el valor y el heroísmo
de los nobles hispanos paladines,
para lanzar el torpe mahometismo,
que aún del reino asombraba los confines,
y plantar de Granada en el turbante
la bandera del Gólgota triunfante.

Resonó por los ámbitos de España,
que el mar circunda y el Pirene cierra,
conmoviendo hasta la última cabaña,
el santo grito de tan justa guerra.
Y llegó pronto a una feraz campaña,
que en torno abriga de León la sierra,
de Nuño Garcerán antiguo estado,
por sus mayores con valor fundado.

Sobre gigante loma que domina
oscuro el bosque, fértil la llanura,
y un hondo y ancho valle, en que camina
torrente fugitivo de la altura,
el almenaje carcomido empina,
y timbres y follajes de escultura,
como solo señor de aquel espacio,
presumiendo de alcázar, un palacio.

Toscos los muros son, pero en su seno
ofrecen comodísima vivienda,
con jardín a su espalda tan ameno,
como huerto de mágica leyenda.
Pues de arbustos y varias flores lleno,
y cortado por una y otra senda,
ostentaba a la vista y al olfato
brillantes tintas y perfume grato.

Y el sabroso rumor de la sonrisa
de una fuente de mármol que chispea,
y el murmullo apacible de la brisa,
y el de las verdes ramas que menea;
y eco, que los repite en voz sumisa,
y el ave que los álamos gorjea,
formaban deliciosa consonancia
con selvas y torrentes a distancia.

Larga cadena de empinados riscos,
o más cerca o más lejos del palacio,
coronados de encinas y lentiscos,
circundan de su término el espacio.
Y desnudas de chozas y de apriscos,
mas no de nieves del invierno reacio,
cierran en derredor los horizontes
rudas cervices de gigantes montes,

ofrecen en sus quiebras y recuestos
ejercicio a los perros y neblíes;
garzas y aves diversas para aquéstos,
para aquéllos cerdosos jabalíes.
Y para el cazador ocultos puestos
do a palomas selváticas turquíes,
y a tórtolas, amor de las florestas,
redes tender, o disparar ballestas.

La llana y ancha vega parecía
en marzo campo inmenso de esmeraldas,
y cuando abril en ella sonreía,
alfombra de amapolas y de gualdas,
que el rojo Sol de julio convertía,
inundándolo todo hasta las faldas
de los montes, en mar de espigas de oro,

cual no lo ven ni el Sículo ni el Moro.

Del otoño feraz frutos opimos
ostentaban los huertos y cañadas,
almíbares brotando los racimos
entre pámpanos y hojas coloradas,
no inferiores en pompa a los que oímos
que hallaron en las tierras fortunadas
de promisión las tribus israelitas,
por la alta diestra de Jehová benditas.

Robustas vacas y lozanos chotos,
blando trébol y pálida retama
despuntan libres en los frescos sotos,
que no agosta jamás del Sol la llama.
Y allá por los ribazos más remotos,
entre peñas buscando verde grama
de ovejas un sinnúmero se mueve,
sin lo que fueran reputadas nieve.

Dos o tres mil vasallos, que anhelosos
a su señor y amparo bendecían,
ricos, felices, prósperos, dichosos,
en tan fecundo suelo enriquecían.
Sin que entre ellos hidalgos de pomposos
timbres faltaran, que guardar sabían
la comarca de injustas agresiones,
armas vestir y domeñar bridones.

Pero de aquella tierra venturosa
era el mayor encanto y maravilla
una imagen antigua y milagrosa
de la madre del Verbo sin mancilla,
que con ardiente celo y fe piadosa,

del excelso palacio en la capilla,
veneraban aquellos naturales,
implorando las gracias celestiales.

Tal era el pingüe y decoroso estado
de Nuño Garcerán. En él moraba
del mundo y de la corte retirado,
y una dicha sin límites gozaba.
Cinco lustros su edad era, y casado
con Blanca de Agramunt feliz estaba,
amándola con vida y alma toda,
aún muy reciente su anhelada boda.

De don Fortún, señor de Berindano,
ricohome de Navarra esclarecido,
por los reveses del Destino insano
a desdichada suerte reducido,
y por civil discordia en el cercano
reino francés oculto y retraído,
era hija Blanca, y su consuelo todo
tenerla establecida de tal modo.

Pues ella y un mancebo de edad tierna,
que la sigue, consuela y acompaña
en peregrinación, que juzga eterna,
seguridad buscando en tierra extraña
(tal del astro indignado que gobierna
sus contrarias fortunas es la saña),
eran las solas prendas, que tenía
de unión dichosa cuando Dios quería.

Blanca, mujer de Nuño, era un portento
de gracia, de beldad y gentileza,
de candor, de virtud y de talento,

sin lo que vale poco la belleza.
Y en tierna edad, sin otro pensamiento
que amar y ser amada con terneza
por su esposo feliz, le procuraba
dichas que el mismo Cielo le envidiaba.

¡Cuántas veces vagando entre las flores
del ameno jardín la siesta ardiente,
de sus amantes labios los amores
dieron regalo al sosegado ambiente;
y de la hermosa Blanca los colores,
y el fuego de los ojos refulgente
de Nuño deslumbraban los encantos
de rosas, azucenas y amarantos!

Cuando al primer albor de la mañana
al esmaltar el llano y la floresta
los reverberos de carmín y grana
de nube junto al Sol que nace puesta,
si ella con un azor iba lozana,
y él armando gallardo la ballesta
al recorrer el soto, por deidades
los tuviera el error de otras edades.

Ya los tibios y pálidos reflejos
de la Luna en las noches del astío,
quienes a ambos esposos a lo lejos
vieran vagando por el bosque umbrío,
y oyeran de su hablar los suaves dejos
atravesar las alas del rocío,
por almas venturosas los tendrían,
que el suelo aquél a bendecir venían.

En un mundo de amor dichoso y tierno,

amor que concertaron las estrellas,
y que se juzga durador, eterno,
tan durador y eterno como ellas,
de los que solo un monstruo del infierno
puede intentar romper, ya las centellas
de los celos lanzándole, o la nieve
de infames dudas esparciendo aleve.

    Blanca y Nuño gozaban dulces días,
teniendo de sus dichas por testigo,
que a solas no hay completas alegrías,
discreto confidente y franco amigo.
De un labrador de aquellas alquerías,
cuando Nuño nació, nació Rodrigo,
sin separarse de él desde la cuna,
asegurando así mejor fortuna.

    Pues desde el primer paso de la infancia,
de su señor asiduo compañero,
entre los dos borrando la distancia
el poder de un cariño verdadero,
a conseguir llegó tal importancia,
que era administrador y consejero
y confidente y necesario amigo
de Nuño Garcerán el tal Rodrigo.

    ¡Dichoso aquel que encuentra de la vida,
en la difícil y áspera carrera,
una existencia con la suya unida
por firmes lazos de amistad sincera;
de amistad perdurable, no nacida
de interés vil o cálculo cualquiera,
sino de inclinación mutua, en los años,
que de ficción no saben ni de engaños!

Blanca, tan tierna, candorosa y pura,
tal vez al buen Rodrigo miraría
con prevención pueril, que amor procura
ser exclusivo en cuanto alumbra el día.
Mas del de Nuño hallándose segura,
y que el tal confidente lo aplaudía,
tratándola sagaz con tacto sumo,
que al fin venciera su desdén presumo.

Con tal amigo, con tan tierna esposa,
con alto nombre y con el rico estado,
la vida más feliz y deliciosa
gozaba Nuño que al mortal es dado.
Cuando el son de la trompa belicosa,
cual ráfaga de viento inesperado
nubla el cristal de plácida laguna,
vino a nublar tan plácida fortuna.

De Garcerán la noble sangre enciende el
llamamiento a tan cristiana guerra.
La obligación con que nació comprende
como ilustre señor de aquella tierra;
la voz del rey que lo convoca entiende,
levanta su pendón, y de la sierra
llamando a los hidalgos y pecheros,
forma gallarda hueste de guerreros.

Ya el caballo que, suelto, la llanura
tras las liebres y gamos recorría,
bajo el bruñido arnés y la armadura
generoso relincho al aire envía.
El arcabuz que al ciervo en la espesura
fulminó, y la ballesta que solía

un ánade matar, o una paloma,
van ya a extinguir la raza de Mahoma.

El hidalgo, que solo de la caza
se daba al ejercicio en ocio blando,
ya vestida sobre ante la coraza
se ejercita de escuadras en el mando.
Y el labrador plebeyo olvida el haza,
que fecundó con su sudor, y ansiando
moros matar, embraza la rodela,
ciñe la espada y alta gloria anhela.

Entusiasmado Nuño, alegre, activo,
de ocasión tal para mostrar contento
el noble esfuerzo y el valor altivo,
propios de su encumbrado nacimiento,
manifiesta que el Cielo no fue esquivo
en darle el alto militar talento,
y aquel que a pocos hombres les concede,
sin el que gobernar ninguno puede.

También instinto bélico demuestra
Rodrigo en los aprestos diligente,
ora pasando a las escuadras muestra,
ora instruyendo la bisoña gente,
ora con mano previsora y diestra
mirando por su dueño cual prudente,
tiendas, víveres, armas, municiones,
procurando a los nuevos escuadrones.

Blanca solo, si bien ufana mira
bajo el bruñido arnés aún más gallardo
al esposo gentil por quien delira,
que vestido del rústico tabardo,

con mil sutiles medios, que le inspira
su anhelante pasión, busca el retardo
de ausencia, que la aterra y la confunde,
y en un desconocido mar la hunde.

Viendo afanado siempre a su marido,
sin pensar más que en la gloriosa guerra,
teme que su ternura dé al olvido,
y tal recelo sin cesar la aterra;
que amor es siempre de recelos nido
(en serlo sin cesar tal vez no yerra)
y exclusivo, absoluto, aislado, solo,
quiere en las almas ser de polo a polo.

Mas, ¡ah!, Blanca se engaña, pues su amante,
firme como del norte está la estrella,
jamás la amó tan ciego y delirante
como al tener que separarse de ella.
Y, cual siempre acontece, en el instante
de irla a perder hallábala más bella,
por no afligirla su dolor infando
en semblante y palabras ocultando.

Viendo al fin terminados los aprestos
Blanca, y cercano de la marcha el día,
infantes y caballos ya dispuestos
a saludar la hermosa Andalucía,
y agotados al cabo los pretextos
con que aquella jornada suspendía,
ruega a Nuño con lágrimas y abrazos,
que el corazón hiciéronle pedazos,

que espere a que perfile y que concluya
de bordar con sus manos una banda,

que le prepara como prenda suya,
y en que hace tiempo trabajando anda,
para que este recuerdo disminuya,
y ayuda a hacer, si puede serlo, blanda
de ausencia tan atroz la amarga pena,
a que el Destino infausto los condena.

Y que logre también ser el escudo
de amor que la labró por la influencia,
do flecha enherbolada y plomo rudo
estrellen su diabólica violencia,
si se mostrase el Cielo tan sañudo,
y a sus ruegos con tanta indiferencia,
que del maldito infiel no ponga estorbo
al tronante arcabuz y al arco corvo.

Nuño consiente, que es lo que desea,
y Blanca en su labor no se apresura;
pero toca el final de su tarea
por más que dilatarla, ¡ay Dios!, procura.
Y coronando su amorosa idea
una cifra, prolija bordadura,
de perlas traza con los nombres juntos
de Nuño y Blanca en combinados puntos.

Pero, ¡ay!, al terminar labor tan rica,
al dar temblando la última puntada,
la aguja aleve se resbala y pica,
¡mal presagio!, la mano delicada,
y de encendida sangre se salpica
la banda del amor... Horrorizada,
lanza un grito la linda bordadora,
y no el dolor, mas el agüero llora.

No estaba lejos el amado esposo,
que vuelve de adiestrar los escuadrones,
y herido del acento doloroso
atraviesa anhelante los salones,
y en alas del amor llega afanoso
do sumida en funestas reflexiones
halla a su encanto, y con el labio amante
las lágrimas le enjuga del semblante.

Y aprecia más el don porque el tesoro
de aquellas de su sangre gotas puras
le dan valor, que por las perlas, y oro,
que forman sus labores y figuras;
y talismán seguro contra el moro
lo estima, y prenda cierta de venturas,
explicando entendido aquel agüero
de un modo para Blanca lisonjero.

Ella en los brazos del esposo ataja
el raudal de sus ojos, dichas sueña
corto momento, y cíñele la faja,
lazo que más y más su amor empeña.
Mas, ¡ay!, pronto su sangre toda cuaja
de las escuadras la última reseña,
y de las trompas roncas la llamada
para emprender, ¡oh cielos!, la jornada.

Es ya urgente. Ni lágrimas, ni abrazos
la pueden retardar. Noticia llega,
de que los reyes de la fe en los brazos
se acercan de Granada a la ancha vega;
y que ya en sus recuestos y ribazos
el cristiano estandarte se despliega;
y mengua fuera ya de los leoneses

llegar tarde a los triunfos o reveses.

Los afanes, las ansias, las ternezas
de ambos esposos, al adiós postrero,
los encargos, palabras y finezas,
que son de amor tesoro verdadero,
el trastorno común de ambas cabezas,
y de ambos corazones el esmero,
quede en su punto aquí; pintarlo excede
del poder que al ingenio se concede.

Formados en gallardos escuadrones
los ha poco labriegos y villanos,
desplegados al aire los blasones
de Nuño Garcerán en fieles manos,
dando atabal y trompa con sus sones
vida y voz a los ecos más lejanos,
la hueste al cabo rumorosa marcha,
un pardo amanecer, hollando escarcha.

Vicios, niños, mujeres, que formaban
diversos grupos, con los ojos fijos
en las tropas que lentas caminaban
de esposos, y de padres, y de hijos,
rostros y manos al Señor alzaban,
con los fervientes ruegos más prolijos,
para que salvos de la cruda guerra
los restituya a su nativa tierra.

En la eminente torre del palacio
Blanca, convulsa, muda, helada, yerta,
ve el escuadrón marchar por largo espacio.
Y Nuño, Garcerán, confuso y lacio,
que el peso del dolor lo desconcierta,

torna, y mil veces repitió el saludo
con penacho, con lanza y con escudo.

El bosque al fin y una importuna loma
cubren el escuadrón...; un paroxismo
a la infelice doña Blanca toma,
y húndese del dolor en el abismo.
Nuño aún vuelve a mirar...; mas ya no asoma
ni la alta torre, y fuera de sí mismo
se torna en hielo, un alarido exhala,
y la visera hasta los pechos cala.

Consuélase con cuerdas reflexiones
y lágrimas también el fiel Rodrigo;
¡gran cosa es escuchar en ocasiones
el dulce acento de afanoso amigo!
Pero para calmar sus aflicciones,
¡ay!, no lo lleva Garcerán consigo,
pues en la ausencia déjale el cuidado
de su adorada esposa y de su estado.

Y, ¡oh gran dolor!, en la inmediata aldea,
después de arreglos varios preventivos,
uno al otro los brazos le rodea,
empinados los dos en los estribos.
Y vuelve atrás Rodrigo, y espolea,
y Nuño, con mil gestos expresivos,
le grita ahogado: «Cuídame a mi Blanca»,
y a las lágrimas da salida franca.

Primera parte

Los pendones triunfantes
de la cruz soberana

ya respetuoso desplegaba el viento,
en las torres gigantes
de esmalte y filigrana,
con que Granada toca al firmamento;
torres eternas, cuyos altos muros
labrados entre mágicos conjuros,
presagios, influencias, profecías
y consultas de signos y de estrellas,
lograban ya los venturosos días
para que tal poder les dieron ellas.

El Sol desde el Oriente
al perfilar de grana y de topacio
celajes que bordó la blanca aurora;
y al ocupar el trono refulgente
del cenit en la cumbre del espacio,
derramando a raudales
vida, riqueza y luz a los mortales;
y al declinar tras nube que trasflora
de morado y de jalde al Occidente,
saluda los católicos pendones,
y en ellos los castillos y leones
y aragonesas barras ondeando,
y la fe pregonando
de Alhambra y de Albaicín en las almenas,
do antes volaban lunas sarracenas.

Genil, entusiasmado
del triunfo de las armas españolas,
no envidiaba del mar las crespas olas,
después de haber tal gloria presenciado.
Y al través de la vega apresurado,
dejando atrás sus bosques y repechos,
gozoso a relatar tan altos hechos

iba al Guadalquivir, cuya memoria
conserva otros tan grandes de su historia.

   De la Sierra Nevada
sonreía la cumbre
porque en su hija Granada
brillaba ya la bienhechora lumbre
del lucero del Gólgota, y veía
a la grande Isabel y al Gran Fernando
la garganta pisando
del islamismo con tan firme planta,
que jamás volvería
el brillo a oscurecer de la fe santa,
ni a profanar la hermosa Andalucía.

   Segura, en fin, España
de la estirpe agarena, tanta hazaña
famosa y nunca vista,
con que sus héroes la feliz conquista
lograron del imperio granadino,
celebraba gozosa,
aun sin saber que Dios iba el camino
con mano poderosa
a abrirle de otro mundo,
por favor de su gracia sin segundo.
Y ya la fama con su trompa de oro.
eterna voz, y cántico sonoro,
cruzaba mares, taladraba nubes,
prestándole sus alas los querubes;
y la insigne victoria difundía,
por cuanto alumbra el Sol, y el mar enfría.

   Y el español denuedo
sembraba en los paganos

terror, y helado miedo,
y gozo, y nuevo aliento en los cristianos,
pasmando al orbe todo
el triunfo audaz, con que el linaje godo
la lucha de ocho siglos coronaba;
y con que aseguraba
la fe de Cristo, y su blasón triunfante
desde el tirreno mar al mar de Atlante.

Sí; de doña Isabel, de don Fernando,
católicos monarcas españoles,
de alta prudencia y de denuedo soles,
que hoy en gloria sin fin están brillando,
despojo era Granada.
Mas dije mal, porque despojo no era,
sino la más preciada,
y la joya más rica, y la primera
de la diadema espléndida española,
entre cuantas respeta el orbe, sola
de otras muchas formadas por el Cielo,
con incesante anhelo,
para en la augusta frente colocarla
de tan egregios reyes;
y en ella asegurarla
por las humanas y divinas leyes.

Magnífico diamante,
rico joyel de la diadema augusta
del imperio español era Granada;
con su cielo radiante,
que rara vez el huracán asusta;
con su sierra, pirámide de nieve,
a quien ni el cancro abrasador se atreve;
con su vega encantada,

de deleites tesoro;
con su Darro y Genil, que arrastran oro
en los raudales fríos;
con sus cármenes verdes y sombríos;
con sus palacios mágicos de encajes,
y frágil filigrana;
con sus torres ligeras cual plumajes,
que el soplo de la cándida mañana
entre vapores húmedos parece,
que blando agita, y que risueño mece.

   Si hurí inmortal, si reina de odaliscas
de alas de leve niebla y pie de espuma,
con las galas espléndidas moriscas
fue la hechicera juvenil Granada,
ya por la gracia de los cielos suma
se mira transformada
en augusta matrona,
orgullosa, triunfante,
y con la frente de real corona
ceñida en vez del bárbaro turbante;
viéndola con profundo
respeto absorto el admirado mundo,
ya con la fe católica en el seno,
antes manchado del inmundo cieno
de torpes ceremonias y de ritos
por el cielo malditos,
y oyendo en sus mezquitas,
del báratro tremendo con espanto,
las palabras benditas
del Evangelio santo,
que alienta al siervo, y al tirano doma,
en vez de las blasfemias de Mahoma.
Y admirando en sus cármenes y Alhambras,

y plácidos jardines
las danzas castellanas y festines,
mucho más nobles que agarenas zambras;
y en vez de Abencerrajes,
y Zegríes traidores,
poblada de linajes
más altos y mejores,
más bravos y hazañosos,
y mucho más antiguos y gloriosos.

•••

Todo era, pues, contento y alegría,
justas, banquetes y vistoso alarde,
desde el primer albor del nuevo día,
hasta expirar los plazos de la tarde.
Y de danzas y orquestas,
regios convites y costosas fiestas
el plácido rumor y los concentos
daban vida a los vientos,
las sombras de la noche regalaban,
y el sueño de los astros arrullaban;
y alboradas risueñas
felicitaban a la blanca aurora
cuando las altas peñas
de excelsos montes con su luz colora.

Tan solo Nuño Garcerán, hundido
en afán melancólico, se esconde,
y ni al aplauso universal responde
a su valor egregio conferido.
Pues su esfuerzo bizarro
a la vega encantó, y admiró al Darro,
siendo sus estandartes
y sus bravos leoneses
nuncios de la victoria en todas partes,

sin temer de fortuna los reveses.
Y él, en el duro asalto
del regio alcázar colocó tan alto
su nombre, que la fama
la flor de los guerreros le proclama.

Mas, ¡ay!, que de su patria, de su estado
y de su tierna esposa separado,
no puede tanta ausencia
soportar de su pecho la vehemencia.
Y ni ostenta su gala en los salones
de los reyes, ni asiste a sus funciones,
ni luce en los jardines,
ni brilla en los festines,
ni en Vivarrambla en pisador ligero
ensangrentando el acicate de oro,
justa, ostentando su saber guerrero,
lidia, mostrando su destreza, un toro.

Y lejos del bullicio y los festejos,
como está de placer y calma lejos,
solitario pasea
entre los altos olmos que menea
el céfiro en la orilla
del Genil. Y en la noche triste vaga,
cuando la Luna entre celajes brilla,
y la corriente cristalina halaga,
por los campos desiertos
de tibia luz y de vapor cubiertos,
y allí repite el nombre de su Blanca,
y hondos suspiros de su pecho arranca.

Ha tiempo que carece
de nuevas de ella, y cuando no hay noticias,

ya infaustas, ya propicias,
la ausencia se parece
al sueño eterno de la tumba helada,
pues o malas, o buenas, son sustento
de un alma enamorada,
y dan vida a la ausencia y movimiento.
A su tierra ha enviado
uno y otro criado,
que no tornan jamás, cual si un conjuro
allá los detuviera,
o cual si a su regreso se opusiera
un encantado impenetrable muro.

   Confuso entre afanosos pensamientos
él triste se perdía,
amante firme y tierno enamorado,
creciendo los tormentos
de su angustiado pecho cada día,
de toda nueva de su bien privado.
Cuando a mirar acierta,
que llega una mañana ante su puerta
en rocín sudoroso, y anhelante,
un villano leonés; en el tabardo
de tosco paño pardo
conoció que lo era,
como en las bragas y amarilla cuera.
Un vuelco dióle el corazón, se lanza
a salirle al encuentro sin tardanza,
y sin preámbulo alguno le pregunta,
latiente el pecho, la color difunta,
por cara y nuevas de su esposa amada.

   El villano la mano venerada,
que es aquél su señor reconociendo,

le besa, de este modo respondiendo:
«Mi alta señora, vuestra esposa bella,
de las montañas de León estrella,
salud cumplida tiene;
aunque siempre afligida la mantiene
vuestra ausencia, señor, y noche y día
pide llorosa, y con ferviente anhelo,
que os torne salvo a vuestra patria el Cielo.
Yo habito la alquería
que está de la cañada en los alcores,
entregado a las rústicas labores;
de allí el señor Rodrigo con gran priesa,
sin duda porque mucho os interesa,
partir mandóme, y con premura harta
poner en vuestras manos esta carta.»

Confuso Nuño Garcerán la toma
con temblorosa mano,
y aunque lo que le ha dicho aquel villano
de doña Blanca, centro de sus dichas,
le asegura, tal vez al rostro asoma
inquieta turbación, pues que un arcano
de míseras desdichas
en sí contiene el misterioso pliego,
le dice el corazón. Se encierra luego,
ábrelo palpitante,
y estos renglones se encontró delante:

«Don Nuño, tan larga ausencia
empieza a perjudicaros,
y es mi obligación llamaros,
que importa vuestra presencia.

»Pues se alcanzó la victoria,

y se conquistó a Granada,
donde veis acrecentada
de vuestra casa la gloria,

»a librar a ella y a vos
de un abismo, que está abierto,
y que yo a evitar no acierto,
venid, y pronto, por Dios.

»Venid, que os llama un amigo...
¡Quiera el Cielo no sea tarde!...
Él os ayude y os guarde,
vuestro servidor, Rodrigo.»
•••
En tormentoso mar de confusiones,
que envuelve noche ciega,
leyendo estos renglones
el desdichado Garcerán se anega.

Dice poco, es verdad, aquella carta;
mas también, harto dice,
para que hienda y parta
el alma y corazón a un infelice.

Y en el conjunto vago y sin colores
del oscuro compendio
se ven los resplandores
de un infernal, aterrador incendió;

cual se ven en el fondo de los mares
en confusión las rocas,
y sin forma, a millares
cruzar los tiburones y las focas;

o cual tras negro tronador nublado
se ve que arde y que gira
meteoro encapotado,
nuncio fatal de la celeste ira.

Doquiera que el discurso vacilante,
buscando conjeturas,
de Nuño, acude errante,
ve un piélago sin fin de desventuras

y espectros y fantasmas espantables
le revuelan en torno,
mucho más formidables
por no tener ni forma ni contorno.

Y de aquellos fatídicos renglones
de tan infausto arcano,
consuelo en las razones,
quiere encontrar su mente del villano.

Sí; nuevas favorables de su Blanca
le ha dado cual testigo;
mas el alma le arranca
notar que ni aun nombrarla osa Rodrigo.

Aquél le dijo que constante llora
su ausencia, y éste calla.
¿Será que el uno ignora
lo que otro el modo de decir no halla?...

¡Ay! Este pensamiento le horroriza,
y arde en un fuego interno
que envenena y atiza
una mano invisible del infierno,

y destrozado y roto en el combate
de temor y de duda,
se anonada, se abate,
sin luz los ojos y la boca muda.

Mas una pronta decisión estalla
en su cabeza ardiente,
cuando en la cruel batalla
iba a doblar exánime la frente.

La de volar en busca de Rodrigo
a la nativa sierra,
y ver cuál enemigo
allá le mueve tan extraña guerra.

Y las alas envidia voladoras
del águila altanera,
que cruza en pocas horas
todo el cóncavo espacio de la esfera.

Escondiendo a los suyos el viaje,
veloz caballo ensilla,
y con humilde traje,
y con solo su afán vuela a Castilla.

Ya deja atrás las torres de Granada,
y la encantada vega,
y la Sierra Nevada,
y al confín andaluz rápido llega.

Y lo ve galopar sin un respiro
el Sol desde el Oriente,
hasta acabar su giro,

apagando en el mar la crencha ardiente.

Y la Luna y las trémulas estrellas
alumbran su viaje,
luciendo sus centellas
al través del vapor y del celaje.

Atraviesa a Castilla, montes, ríos,
valles profundos, nada
disminuye sus bríos
ni detiene la rápida jornada.

Y al rojo esclarecer de hermoso día,
principio del verano,
cuando la aurora abría
la puerta de oro al astro soberano,

vio Nuño aparecer azul un monte
aun de nieve vestido
allá en el horizonte,
y diole el corazón hondo latido.

La sierra es de León, donde su estado
tiene, y su dicha asiento;
y hacia ella, arrebatado,
lanza el corcel más rápido que el viento.

A cada nueva y conocida loma,
que descuella de lejos,
y cuando un punto asoma,
que blanquea del Sol a los reflejos,

sensaciones tan fuertes e indecibles
el corazón le agitan,

y tan indefinibles
pensamientos le hielan o le irritan,

que ya para sufrir tanto martirio
sin fuerzas espolea
en insano delirio
el alazán, que sin vigor jadea.

¡Oh cuán breve y cuán largo es el camino
que corre un desdichado,
si va donde el Destino
le tiene algún desastre preparado!

Al cabo Nuño, en férvidos vapores
que del valle se elevan,
descubre los alcores
de los estados que su nombre llevan.

Y al fin del Sol, que baja lentamente
al confín del espacio,
no lejos ve, a su frente,
la mole desigual de su palacio.

Y le parece aterrador coloso
que lo amenaza y mira;
y crespón doloroso
la leve niebla que en sus torres gira,

y detiene de pronto la carrera
con toque tan forzudo,
que el caballo cayera,
a no sentir el acicate agudo,

y lanza un grito, o pavoroso trueno,

que el corazón hinchado
le da un vuelco en el seno,
como si en él hubiera reventado.

Una encendida bomba es su cabeza
que a estallar va al instante,
y en toda su grandeza
la boca del infierno ve delante.

¡Mísero!... Las fantásticas visiones
le cercan de su mente,
piérdese en ilusiones
y no ve la verdad que está presente.

No ve a su encuentro por la misma senda
un hombre y un caballo
venir a toda rienda,
ni oye el recio pisar del duro callo,

ni sale del delirio hondo, morboso.
hasta que el brazo amigo
le estrecha cariñoso
de su buen servidor, del fiel Rodrigo.

Reconócelo, abrázalo, suspira,
y la color difunta,
con hondo afán lo mira,
sin osar producir una pregunta.

Y Rodrigo también, mudo, turbado,
y la color de cera,
la mirada, espantado,
de aquellos ojos evitar quisiera.

Descabalgan entrambos, y Rodrigo,
estrechando la mano
de su señor y amigo,
lo asienta al pie de un álamo lozano;

cuando en un mar de fuego en Occidente
pálido el Sol se hundía,
su faz velando ardiente
sangriento nubarrón, tumba del día.

A la luz del crepúsculo borrosa,
mientras la suya daba
la Luna candorosa,
que entre cumbres oscuras asomaba;

tras de silencio breve pero horrendo,
solos, y sin testigos,
tal diálogo tremendo
tuvieron entre sí los dos amigos:

Don Nuño   A tu carta obedeciendo
en León me tienes ya;
¿qué males, pues me amenazan?...
Dilos, dilos sin tardar.
Dilos, porque el alma tengo
en tan angustioso afán,
que de tus palabras pende
mi ansiosa vida quizás.

Rodrigo   Señor, mi confuso labio
no sabe cómo empezar;
pues hay cosas cuyos nombres
no acierta el bueno jamás,
y acaso es más infelice,

en mayor angustia está,
que el que infortunios aguarda
quien los debe revelar,

. . . .

. . . .

Don Nuño   Apresura mi tormento,
ten de tu amigo piedad.
¿Vive Blanca?... Si ella viva,
¿qué me importa lo demás?

Rodrigo   ¡Ay, que has pronunciado el nombre
que no osaba pronunciar!
Vive doña Blanca, vive...
Vive, sí; vive... ¡Ojalá
que nunca vivido hubiera
para tu nombre afrentar!

Don Nuño (Furioso.)   ¿Qué supones, miserable?...
¿Qué alientas, furia infernal?...
Prueba, prueba lo que dices
o mi furia probarás.
Mi Blanca es como el Sol, pura;
es un ángel celestial.

Rodrigo (Turbado.)   Doña Blanca... es...

Don Nuño   ¿Qué es?... Acaba.
¿Se te pega al paladar
la lengua?... ¿Qué es, di, mi esposa?

Rodrigo   ¡Infiel!

Don Nuño (Poniéndose en pie.)

¡Mentira!

Rodrigo (Resuelto.)   ¡Verdad!

Don Nuño (Cayendo convulso.)
                    ¡Ábrete, tierra, a mis plantas
                    y sepúltame voraz!
                    •••
                    Como de rayo tronador herido
                    cayó convulso en tierra
                    y lanzó un alarido
                    que estremeció los riscos de la sierra.

                    Y el confidente, mudo y aterrado,
                    hecho estatua de hielo,
                    inmóvil quedó a un lado,
                    fijos los turbios ojos en el suelo.

                    Don Nuño, destrozándose furioso
                    la túnica y el pecho,
                    revuélcase anheloso
                    sobre la hierba, de dolor deshecho.

                    Rodrigo al cabo a su socorro viene,
                    levanta al infelice,
                    lo anima, lo sostiene,
                    y con voz balbuciente así le dice:

Rodrigo   Volved en vos, señor mío,
                    ¿dónde vuestro esfuerzo está?
                    ¿Queréis morir sin venganza?

Don Nuño
(Reanimándose.)   ¡No, Rodrigo, no; jamás!

Cuéntame, cuéntame todo,
tranquilo te escucho ya.

Rodrigo   ¿Y qué puedo yo contaros...?
Vuestros ojos mismos van
a decíroslo al momento.
Y pues nadie sospechar
puede, señor, vuestra vuelta,
y la noche y el disfraz
esconden vuestra persona,
venid tras de mí y callad.
•••

Como al conjuro de potente mago
un cadáver camina,
así con paso vago
va Nuño entre la niebla blanquecina.

Atravesando el bosque con su amigo
en silencio profundo,
mas llevando consigo
todo un infierno aterrador del mundo,

Y su planta vacila a cada instante,
y no más firme acaso
es la que de él delante
tiene Rodrigo con incierto paso.

Y no se escucha más que el rumor leve
de espesos matorrales,
que su marcha remueve
al través de barrancos y de eriales.

Y la respiración de ambos viajeros
estertor parecía,

del que ya en los postreros
afanes juzga escasa el aura fría.

Iban como al través de honda cañada,
entre encinas y pobos,
buscando la manada
de ovejas van dos carniceros lobos.

Y los ojos de Nuño relumbraban
cual brasas encendidas,
y acaso espanto daban
a las aves del todo aun no dormidas.

Y lumbre azul, cual arde sobre un muerto,
los ojos de Rodrigo
daban en el desierto,
sin osar revolverlos a su amigo.

A poco tiempo llegan a una puerta
del jardín del palacio,
que sin rumor abierta
da entrada franca al encantado espacio.

Y enfrente allí de un cenador de hiedra,
do una lámpara ardía
y una mesa de piedra
refrigerios y frutas ofrecía;

entre las murtas, troncos y follaje
quedan entrambos bultos,
por fin de su viaje,
en gran silencio, sin moverse, ocultos;

tal se esconde alevoso en la enramada

el cazador y espera
la cierva descuidada
que baja por la noche a la ribera.

   ¡Ah buen Rodrigo!... Tu amistad constante,
tu gratitud ardiente
te arrastran tan distante,
que no hallarán disculpa en el prudente.

   De honradez y lealtad tan alta prueba,
¿no ves, oh fiel Rodrigo!,
que al precipicio lleva
al que proclamas protector y amigo?

   ¿Cuánto mejor te fuera, o tú vengarlo,
si impedir no pudiste
el mal, o que ignorarlo
por largo tiempo consiguiera el triste?

   ¡Ay, hasta la virtud, hija del cielo,
los míseros mortales,
por imprudente anhelo,
pueden mina fecunda hacer de males!
•••
   ¡Cuán clara y refulgente,
espléndido topacio,
en el celeste espacio
ostentaba la Luna su esplendor!

   Con sonrisa inocente
dormida entre celajes,
delicados encajes
de leve niebla y cándido vapor.

Y su luz argentina
por lomas y collados,
y silencios prados
se gozaba apacible en resbalar;

y la pomposa encina,
y el contorno del monte
en el vago horizonte,
de nácar sobre nube, en dibujar.

Dejando al valle hondo
tiniebla misteriosa,
que nadie mirar osa,
temiendo algún fantasma descubrir;

y solo allá en el fondo
dejaba la corriente
del rápido torrente
breve y fugaz destello relucir,

En calma estaba el viento,
y el aura revolando
y en silencio besando
las soñolientas flores del jardín.

Robábalas su aliento,
y con él perfumaba
y en bálsamo tornaba
el ambiente hasta el último confín.

El silencio profundo
tan solo interrumpía
la fuente que corría
y el acento de un tierno ruiseñor;

dijérase que el mundo,
en sueño regalado,
dormía reclinado
en el inmenso seno del Creador.

¡Ah! Noche tan hermosa,
tranquila y apacible
que encubra no es posible
perfidia, engaño, crimen y traición.

Si alma hay tan horrorosa
que a turbarla se atreva,
sobre su frente llueva
el fuego de la eterna maldición.

Mas, ¡ay!, que la influencia
de su apacible calma
no tranquiliza el alma
del furibundo Nuño Garcerán.

Y cuando su impaciencia
a atropellar por todo
iba y de cualquier modo
a dar un fin a su angustioso afán,

y apenas ya podía
la mano de su amigo,
el ejemplar Rodrigo,
contener su impaciencia y su altivez,

en lejana abadía
el reloj resonando,
que el tiempo iba ajustando,

dió con gran pausa campanadas diez;

y la puerta aparece,
del vecino palacio,
en el oscuro espacio
de pronto una hermosísima mujer.

Mujer que resplandece,
aparición divina,
de aquellas que imagina
la inocencia en ensueños de placer.

Talle esbelto, elegante,
y formas delicadas,
que lucen adornadas
con veste de blancura virginal;

y un pálido semblante
sobre el cuello flexible,
tan bello y apacible,
y de expresión tan noble y celestial,

cual rara vez el suelo
ve, cuando de belleza
quiere Naturaleza
darle un tipo ostentando su primor;

y que tan solo el Cielo
reveló al soberano
ingenio, y a la mano
del grande Urbino, el inmortal pintor.

Toda ella iluminada,
sobre aquel fondo oscuro

encuadrado en el muro,
por la luz de la Luna vertical

con el claror mezclada,
de la llama, que brilla
oscilante, amarilla,
dentro del cenador en un fanal;

parece la figura
de la divina maga,
aparición tan vaga
de misterioso y singular color

que no humana criatura
del mundo se creería,
sino una fantasía,
un conjunto de luz y de vapor.

Don Nuño, arrebatado
por tal visión divina,
casi la frente inclina,
casi olvida su furia y su ansiedad;

cuando ponerse al lado
ve de aquella belleza,
con familiar franqueza,
un mancebo gentil de corta edad.

De risueño semblante,
de noble corpulencia,
de gallarda presencia,
brotando actividad, vida, expresión;

y con traje elegante

de rojo terciopelo,
y sobre el rubio pelo
una toca adornada de un airón.

Lanzó Nuño un rugido
profundo, ahogado, interno,
que se oyó en el infierno,
aunque apenas se oyera en derredor.

Y ciego, enfurecido,
con el hierro desnudo,
iba... Pero forzudo
sujetó el fiel Rodrigo su furor.
•••
El joven y la hermosa,
alegres, decuidados,
y del brazo enlazados
discurren un momento en el jardín.

Y su charla amorosa,
esparciendo un murmullo,
como apacible arrullo
dentro del cenador entran al fin.

Ella en rica almohada
de brocados se sienta,
y en pie le presenta
frutas y flores el gentil garzón.

Quien viendo preparada
arpa sonora a un lado,
púlsala arrebatado,
y entona esta dulcísima canción:

«En noche tétrica
de desventura
y de amargura
me iba ya a hundir,

»cuando la fúlgida
luz de una estrella
benigna y bella
vi relucir;

»y eras tú, Blanca mía,
la estrella de consuelo y de alegría.

»En negro vértigo
agonizaba,
mi pie tocaba
ya el ataúd,

»y un dulce bálsamo
bebí anhelante,
y hallé al instante
vida y salud;

»y eras tú, Blanca mía,
el bálsamo que tanto conseguía.

»Blanca, sí;
todo a ti
de polo a polo
lo debo solo.

»Sin tu amor,
y favor
fuera mi suerte

mísera muerte:

»porque eres, Blanca mía,
bálsamo de salud, Sol de alegría.»

Aquí llegaba en su canción, mirando
con arrasados ojos y semblante
a la dama el doncel, cuando anhelante
ella, el rico almohadón abandonando,

se acercó a él con cariñoso exceso,
y en la mejilla juvenil y hermosa,
con la emoción del canto ardiente rosa,
le imprimió un blando y delicioso beso.

Rodrigo suelta entonces a don Nuño,
que como flecha despedida arranca,
y en el seno infeliz de doña Blanca,
hundió la daga hasta el dorado puño.

El mancebo de pronto en su defensa,
tarde era ya, sacrificarse quiere,
y el mismo acero lo recibe, y hiere
y abre en su tierno pecho herida inmensa.

Al desplomarse en brazos de la muerte,
Blanca infeliz, y en el postrer desmayo
cuando juzgó que la mataba un rayo,
quién es su matador, imísera!, advierte.

Y, «ioh Nuño!», exclama en el postrer aliento
y Nuño redoblando con oírla
su furor infernal, torna a embestirla,
que solo de su muerte está sediento.

Y cébase, cual hiena furibunda,
en el cadáver con horrible estrago,
bañándose frenético en el lago
de sangre, que el jardín, cálida, inunda.

Cuando huracán horrísono rugiente
baja de pronto desde la alta sierra,
los árboles altísimos aterra,
y el cenador y lámpara eminente,

embiste silbador con recio empuje
el palacio, y lo mece, y lo fulmina,
las gigantescas torres arruina,
y el muro roto se desploma y cruje,

y la Luna purísima envolviendo
en borrascosas nubes espantables,
con espesas tinieblas impalpables
cubrió aquel espectáculo tremendo.

Nuño, de un trueno al espantoso grito,
de sí mismo medroso y aterrado,
y creyendo que el orbe ha caducado,
del Sumo Ser, que le formó, maldito,

por el áspero monte huye cobarde,
de cuando en cuando deslumbrado y ciego
de súbitos relámpagos al fuego,
en que juzga que el globo todo arde.

Así recién formado, con profundo
terror, vagar por anchas soledades,
envuelto en espantosas tempestades,

al primer homicida miró el mundo.

Segunda parte

¡Sevilla! ¡Oh nombre mágico, que encanta
con su apacible son mi mente toda,
y de recuerdos plácidos circunda
mi helado corazón y mi memoria!

Sevilla, reina del ameno clima
en que Guadalquivir su regia pompa
ostenta, caminando hacia los mares
do el Sol se esconde al desdeñar a Europa.

Sevilla, que, gallarda señoreas
de olivo y de laurel con la corona,
la parte más risueña de este mundo,
y do ingenio y valor la tierra brota,

mientras más lejos de tus altos muros,
de tu inmensa basílica grandiosa,
y de tus odoríferos vergeles,
más te tengo presente a todas horas.

En ti pasé mi juventud florida,
y el balsámico ambiente de que gozas
me restauró la sangre, que en los campos,
por mi patria y mi rey vertí con honra.

Y en ti gocé de deliciosos días,
y del amor los bienes y zozobras,
y recogiendo aplausos y laureles,
de la felicidad bebí en la copa.

Qué entusiasmado viendo de Murillo
y Zurbarán las encantadas obras,
admirando tu alcázar y tu templo,
y oyendo hablar a Herrera y a Rioja,

me elevé de las brisas en las alas,
cual del jazmín y azahares los aromas
y el fuego celestial de la poesía
ardió en mi mente, y aspiré a sus glorias.

Jamás, jamás te olvido, insigne emporio
de ingenio y gracia y de beldad; y ahora,
mientras de ti tan separado escribo
en alto verso esta olvidada historia,

a la orilla de un mar que de esmeralda
revuelve alegre las risueñas olas,
inmediato al flamígero Vesubio,
y admirando su cumbre tronadora,

que humo y ceniza lanza contra el Cielo,
y forma espesa nube, que el Sol dora,
cercándome de flores coronadas
de Posílipo y Vómero las lomas;

y en Nápoles, en fin, la que en el mundo
tanto renombre esclarecido goza,
a ti y tan solo a ti tengo delante,
y en ti, ¡grata ilusión!, mi mente mora.

Y miro alzarse tu Giralda esbelta
entre vapores de color de rosa,
y oigo la voz de sus sonoros bronces
que retumba en los montes de Carmona.

Y que estrecho a mi seno me figuro
las dulces prendas, que de mí remotas
allá anhelan tan solo mis noticias,
y sin cesar me llaman y me nombran.

Y escenas ocurridas en tus campos
voy a contar, para aclarar la historia,
que de la tumba de la edad pasada
el sacro numen, que me inspira, evoca.

•••

Poco después que en la morisca Alhambra
la cruz de Cristo derrocó a la Luna,
triunfó de la espantosa idolatría
en el bárbaro harén de Moctezuma.

Pues el Reparador del Universo
dio de extender su nombre, y la fe suya
la alta misión a los esposos reyes,
que a Aragón y Castilla unen y juntan.

Y abriendo las barreras de los mares
a las osadas españolas fustas,
regidas por un hombre extraordinario,
domador de huracanes y de furias,

ofreció un nuevo mundo a su grandeza,
do la gloria aumentar que los circunda,
y do la santa luz del Evangelio
su influjo bienhechor muestra cual nunca,

disipando las bárbaras tinieblas
de las espesas infernales brumas,
en que el rebelde arcángel envolvía

las regiones del globo más fecundas.

Allí pocos valientes humillando,
a fuerza de constancia y de bravura,
el poder de cien bárbaras naciones,
y del tenaz infierno las astucias,

dieron a los católicos monarcas
cien coronas riquísimas, que ocultas
para España guardó siglos y siglos
en tal región la Omnipotencia suma.

Mas de tantas conquistas milagrosas,
que aun la envidia por fábulas reputa,
como hicieron los bravos españoles
allá en ocaso en incesante lucha,

la más alta, admirable y portentosa,
la colmada de gloria cual ninguna,
fue el imponer Hernán Cortés, el grande,
al mexicano imperio la coyunda.

¡Hernán Cortés!... Coloso que descuella
entre los héroes que la fama adula,
como gigante pino en los jardines
se alza soberbio entre la humilde murta.

¡Hernán Cortés!..., cuyo glorioso nombre
el primer puesto de la Historia ocupa,
entre cuantos alzarse ha visto el mundo,
en brazos de la bélica fortuna.

El que llevó la cruz de su estandarte
de triunfo en triunfo, vencedora, augusta,

desde la fértil vega de Tabasco
hasta las altas torres de Cholula,

tan solo con seiscientos españoles
de guerreros cien mil domó la furia,
a fuerza de constancia y de denuedo,
en los valles hondísimos de Otumba.

Y plantó audaz el pabellón hispano,
con gloria eterna de la patria suya,
en la opulenta México, que el orbe
del Occidente emperatriz titula.

¡Ay!... Al trazar estos sonoros versos
con noble orgullo la entusiasta pluma,
de tanta gloria mis ardientes ojos
en aquella región el templo buscan.

Y la ven, ¡oh dolor!, presa infelice
de raza infiel, advenediza, oscura,
que a la fe del glorioso Recaredo
con sus dogmas heréticos insulta.

Raza de mercaderes... ¿Y no queda,
y allí no queda ya gota ninguna
de castellana sangre, que valiente
tan horrenda agresión pasme y confunda?

Queda, sí, y se derrama valerosa,
mas sin fuerza y poder. La desvirtúan
rebeliones, discordias, impiedades,
delirios, ambiciones y disputas,

que la pérfida Albión con larga mano,

hundiéndolos en mar de desventuras,
sembró en aquellos pueblos infelices,
que niños son, y adultos se figuran.

    ¿Y por qué España, la ofendida España,
no alza la frente, y sus valientes junta,
y a la venganza y al socorro vuela,
perdonando cual madre las injurias?

      ¿Más qué pronuncio? ¡Oh Dios! Basta, y un velo
impenetrable las miserias cubra,
que el poder roban a la Patria mía,
y que la gloria de su nombre anublan.

    Y volvamos la mente a aquellos siglos,
para consuelo de tan grande angustia,
en que su fe y lealtad la colocaron
más alta que ese Sol que nos alumbra.
•••
    Triunfantes los castillos y leones
en la regia mansión de Moctezuma,
y la insignia del Gólgota humillando
del ídolo infernal la frente inmunda,

    ya recibía el mexicano imperio,
sumiso, reposado y con fe pura,
las suaves leyes y los santos ritos,
que paz y eternas dichas aseguran.

    Y el grande Hernán Cortés, modelo insigne
de lealtad española cual ninguna,
a poner de su rey ante las plantas
aquella gran conquista se apresura.

Y cargada de bálsamos y aromas,
perlas, tejidos y esmaltadas plumas,
oro, alimañas de pintadas pieles,
indios guerreros y exquisitas frutas,

mandó partir una ligera nave
desde las playas de San Juan de Ulúa,
que lleve a España y al monarca ofrezca
de aquel imperio la diadema augusta.

Mar bonancible y favorable viento
halagan al bajel, que la fortuna
conduce hacia el Oriente, y que gallardo
las crespas olas sin peligro surca.

Ya mira desde lejos coronadas
de olivos las montañas andaluzas,
y sin temer escollos ni bajíos,
y humillando la barra de Sanlúcar,

del gran Guadalquivir las dulces aguas
riza y encrespa de·argentada espuma,
y entre olorosos, verdes naranjales,
pomposa pasa y presurosa cruza.

Ya ve de la Giralda desde lejos
alzarse altiva la delgada aguja,
y del coloso, que en su cumbre gira
los fúlgidos destellos la deslumbran.

De Sevilla las torres y atalayas
que nave llega de Occidente anuncian,
y a muelles y riberas acudían

a saludarla las curiosas turbas.

La nave majestuosa, cuyas velas
las frescas brisas de la tarde empujan,
con flámulas jugando y gallardetes,
que en los ingentes mástiles ondulan,

de la Torre del Oro a los pies llega,
las pardas lonas en la verga anuda,
y rompe con las áncoras el río,
que fondo en que cebar el diente buscan.

Y con alegre salva, que un momento
en blanco humo la envuelve, y que retumba
de los lejanos montes en los valles,
a la ciudad clarísima saluda.

El Sol en el ocaso se escondía
entre vapores férvidos, que ofuscan
su deslustrada faz, y en el Oriente
se alzaba rica de esplendor la Luna.

Del principio dichoso del verano
una noche tranquila, hermosa y pura
empezando a lucir, de calma llena,
anunciando reposo y paz profunda;

ríndese al sueño la cansada gente
de la nave, ya inmóvil y segura,
y la gente de tierra se retira,
ansiando solo que la aurora luzca.

Rayó por fin en el remoto Oriente,
aun de celajes y vapor desnuda,

y el sueño desterrado de Sevilla
a la Giralda con su luz saluda,

   cuando enjambres de lanchas y bateles,
de barcazas, de botes y falúas,
cercan la gruesa nave, y las riquezas
ansían de que preñada la reputan.

   Y entre el común estruendo y algazara,
y voces diferentes y confusas,
a la radiante luz del nuevo día
el desembarque ansiado se apresura.

   Y ya van a los muelles y riberas
pesados fardos de riqueza suma,
aves que nunca el cielo aquel cruzaron,
de verdes, rojas y amarillas plumas;

   maderas exquisitas, que la cara
de los bruñidos mármoles ofuscan;
especias del sabor más delicado,
que olfato y paladar a un tiempo adulan.

   Barras de oro y de plata refulgentes,
armas de pedernal y de tortuga,
coseletes y escudos con labores
que a las del gran Cellini sobrepujan.

   Tejidos de algodón cual blanca nieve,
o teñidos de grana que deslumbra,
plantas de pomposísimos follajes,
con prodigiosas, odorantes frutas.

   Gruesas perlas, espléndidos penachos,

copal y aromas, y con rara industria
cueros, búcaros, cobres, filigranas
labrados en fantásticas figuras.

Gomas medicinales, y hasta hierba,
cuyo humo el marinero aspira y chupa,
lanzándolo después en blanca nube,
que el ambiente en redor llena y perfuma.

Y hombres de otro color, y de un lenguaje
que aullido de las fieras se reputa
y aunque lampiños sus feroces rostros,
audacia y furia bárbara denuncian.

En fin, las producciones exquisitas
de un clima remotísimo, que ocultan
hinchados mares; producciones raras
que hasta entonces la Europa no vio nunca.

Tanta extraña riqueza y tanto objeto
admirable y magnífico deslumbran
a los entusiasmados sevillanos,
y su imaginación, rica y fecunda,

ve aun mucho más de lo que ve delante,
y pondera, engrandece, aumenta, encumbra
el bajel, y la carga, y la conquista,
y alto portento cuanto mira juzga.

La ribera tocar los pasajeros
entre tan grande confusión procuran,
y en los ligeros botes, y en las lanchas
saltan, y se acomodan y se agrupan.

Y en llegando a los muelles, de rodillas
con gran fervor, y con las manos juntas,
dan gracias al Señor Omnipotente,
que en tan extenso mar les dió su ayuda.

Y abrazan de la infancia a los amigos,
y noticias solícitas escuchan
de la corte, y las grandes novedades
en su ausencia ocurridas los conturban.

Y luego satisfacen como pueden,
oyendo atenta una curiosa turba,
a mil necias cuestiones inconexas,
y a disparatadísimas preguntas.

Unos cuentan hazañas portentosas,
otros riquezas sin reparo abultan,
otros muestran horrendas cicatrices,
y todo es confusión y barahúnda.

Tan solo un pasajero no demuestra
para desembarcar prisa ninguna,
y a todo aquel bullicio indiferente,
se apoya a un mástil con la boca muda.

Y ya entrada la noche, por la escala,
desciende y toma asiento en la falúa,
y manda que a la orilla más distante,
no al bullicioso muelle, lo conduzcan.

En sitio solitario en tierra salta,
nadie repara en él, y no tributa
gracias al Cielo hincada la rodilla,
de que en la tierra firme el pie asegura.

Vaga un momento de uno al otro lado,
y párase después. Los brazos cruza,
con horror la ciudad cercana mira,
y torna el rostro a la creciente Luna.

Parece que al poner el pie en España,
y al mirarse en su tierra, le atribula
algún grave recuerdo, o que le espera
alguna miserable desventura.

Sesenta años de edad manifestaba,
era su complexión árida y dura,
que peregrinaciones y trabajos
hicieron aun más fuerte y más robusta.

Su calva frente erguida y altanera
surcaban profundísimas arrugas,
huellas de violentísimas pasiones,
dando a su faz una expresión adusta.

De los ardientes soles tropicales
mostraba en él semblante las injurias,
y en los brazos y pecho cicatrices,
que de bravo guerrero lo gradúan.

Era su porte majestuoso y noble,
aunque pobre y vulgar su vestidura,
y su aspecto total era de aquellos
que miedo y compasión a un tiempo inculcan.

Sin nombre, oscuro, aventurero y pobre,
con Cristóbal Colón se lanzó en busca
del ignorado mundo; acaso, acaso

anhelando que el mar fuera su tumba.

Mas no lo consiguió; sí los portentos
ver, y en las prodigiosas aventuras
de aquel descubrimiento y gran conquista
parte tomar con importancia suma.

Y tal vez por su arrojo y fortaleza
la frágil carabela logró alguna
borrasca superar, y de bajíos
y escollos salva continuar su ruta.

Y le vieron también la isla española,
y los manglares ásperos de Cuba,
romper con duro pecho las corrientes,
y de saetas despreciar la lluvia.

Y más tarde, en el río de Grijalva
de aquel caudillo la infeliz fortuna
corrió, y con riesgo, a nado y malherido,
pudo al cabo salvarse en las falúas.

Y después las macanas de Tabasco
le abollaron el yelmo y la armadura,
y de las flechas de Tlascala luego
pudo probar la envenenada punta.

Y combatió a los rudos Totonaques,
y venció las traiciones de Cholula,
y regó con su sangre las calzadas,
y lidió con despecho en las lagunas.

Y al lado de Cortés el estandarte,
de oro tejido, y de rizadas plumas,

del imperio de ocaso vio rendirse
en la victoria espléndida de Otumba.

Y por fin prosternarse el señorío
de la estirpe feroz de Moctezuma,
por favor especial del cielo santo,
a los pies de la hispánica fortuna.

Pero siempre escondido guardó el nombre,
y envuelta de misterio en noche oscura
su condición. Hablaba raras veces,
y jamás recompensa admitió alguna.

Ni se sabe por qué regresa a España,
y se ignora también si es patria suya,
pues en treinta y dos años a su boca
no se ha escuchado recordarla nunca.

Y no faltó tampoco quien tuviera
de si era el tal o no cristiano duda,
pues blasfemias y horribles maldiciones
lanzaban en los momentos de gran furia.

Y en los grandes apuros y desastres
jamás pidió devoto al Cielo ayuda;
antes bien, con sonrisa del infierno
de los que la impetraban hizo burla.

Mas por el alto esfuerzo y bizarría
con que arrollaba las indianas turbas,
y porque acaso se debió a su arrojo
glorioso triunfo en ocasiones muchas,

y porque desdeñaba generoso

tomar de los despojos parte alguna,
ni tener tierras, ni adquirir esclavos,
y en juego y embriaguez no se halló nunca,

 tuvo en los capitanes indulgencia,
y sin horror la soldadesca ruda
le miraba, cual flor de los valientes,
llamando extravagancia a su locura.

 Personaje tan raro y misterioso
es el que mira a la argentada Luna
del gran Guadalquivir en la ribera,
y que acercarse a la ciudad repugna,

 pues, la espalda volviéndole, camina
a buscar de Tablada la llanura,
y sin senda la fresca hierba hollando,
ni fija dirección, lento la cruza.

•••

 Era una noche serena
del principio del verano,
cuando tan rico y lozano
se muestra el suelo andaluz.

 Y de encanto y plata llena
el cielo señoreaba,
y en la tierra derramaba
la Luna su blanca luz.

 El puro ambiente dormía
en el sueño delicioso,
que da el bálsamo oloroso
del jazmín y del azahar.

Y Tablada parecía,
sin árbol, casa ni sombra,
una inmensa verde alfombra
tendida de mar a mar.

Y en ella, sola y aislada,
aquella extraña figura,
que se dibujaba oscura
de la Luna al resplandor,

alguna sombra evocada
parecía, por un mago,
o fantasma incierto y vago
de congelado vapor.

Hondo silencio reinaba
do solo, como un arrullo,
el apacible murmullo
del manso Guadalquivir;

o algún rumor que llegaba
confuso, incierto, lejano,
del gran pueblo sevillano,
se dejaba percibir.

Cuando la torre eminente
de lejos, con diez pausadas
y sonoras campanadas,
las tinieblas conmovió.

Y oyéndolas aquel ente
misterioso, cual si oyera
rugidos de oculta fiera,
sus pasos aceleró.

Y la yerba larga hollando
empapada de rocío,
en su seno húmedo y frío
algo tocó con el pie.

Algo que salió rodando...
Redonda piedra sería,
pues que tanto se movía,
y corto el impulso fue.

Mas torna a hallar el estorbo,
que otra vez rueda delante,
y que un ruido semejante
a cosa hueca formó.

A tropezar vuelve, y torvo
quiere ver que le importuna,
y al resplandor de la Luna
blanca calavera vio.

Obsérvala horrorizado,
y en las órbitas desiertas,
y de carne no cubiertas,
ve dos chispas relucir:

dos ojos, ¡desventurado!,
que lo miran y confunden,
y tal desmayo le infunden,
que no puede el triste huir.

Y crece su angustia fiera
cuando en sepulcral acento
a la boca sin aliento

oyó: «¡Nuño Garcerán!»

Su nombre de tal manera
pronunciado lo anonada,
y con la sangre cuajada
faltándole fuerzas van.

Pero en mármol convertido,
inmoble, insensible, yerto,
para escuchar a aquel muerto
allí plantado quedó;

y, tras lúgubre gemido,
la ya monda calavera
de esta terrible manera
desde la yerba le habló:

«Escúchame atentamente;
oye, Nuño Garcerán,
que te está hablando Rodrigo,
aquel tu amigo leal.
Y este triste resto suyo
veinte años hace que está
esperando tu regreso,
en aquesta soledad;
conservando, como notas,
por decreto celestial,
ojos con luz para verte,
lengua fresca para hablar,
y revelarte un misterio
de tanta importancia, y tan
interesante a tu alma,
como tú mismo verás.

»A diez horas de la noche
hoy treinta y tres años ha
que a tu esposa doña Blanca
diste muerte sin piedad,
juzgando que te ofendía,
y hasta viéndolo, que es más.

»Pero es falso muchas veces
lo que se ve, Garcerán.
Pues te amaba delirante,
con pasión y con lealtad,
y era tan santo y tan puro
su pecho como un altar.

»Cuanto viste fue mentira,
fue trama vil y falaz,
que me sugirió el infierno,
que me inspiró Satanás,
para vengar rencoroso
el desdén y el ademán
con que desdeñó orgullosa
mi seducción pertinaz.
Y temiendo de una parte
que os revelara quizá
los atrevidos intentos
de mi inicua deslealtad;
y por otra de venganza
ardiendo en la ansia voraz
solo, solo su exterminio
fue ya mi anhelo y mi afán.

»Yo detuve los correos,
yo, astuto, nunca tornar
dejé, Nuño, a los criados

que tú mandastes allá.
Y poco después, viniendo
de Provenza y Perpiñán,
de doña Blanca el hermano
su tierno amparo a buscar,
porque del padre de entrambos
iban los negocios mal,
intercepté yo las cartas
en que de esta novedad
cariñosa te dio parte,
y tracé el horrendo plan.

»Te llamé, volaste ciego
donde te esperaba ya,
y hasta el jardín te conduje,
como puedes recordar.

»Allí a tu esposa miraste,
Sol puro, ángel celestial,
con su hermano don García
en inocente solaz;
y creyendo ofensa tuya
el cariño fraternal,
de tus celos furibundos
reventó el hondo volcán.

»Yo la maldición oyendo
sobre mi frente tronar
de los cielos, por el monte,
del horrendo temporal
envuelto en las densas sombras,
y huyendo de mi maldad,
perdíme; y diez años luego
vagué por el mundo, tan

perseguido de fantasmas,
de despecho, de ansiedad,
que anhelaba del sepulcro
el hondo sueño y la paz.

»Al cabo vine a Sevilla,
sin propósito y sin plan,
y en su muelle una mañana
vi un hombre, cuyo ademán
me ofreció vagos recuerdos
de otro tiempo y de otra edad.
Y clavando en mí los ojos,
y nombrándome además,
con irresistible fuerza
me arrastró hasta este lugar,
en donde nuestras espadas
lucha trabaron mortal.

»Era el mismo don García,
tu cuñado, que escapar
logró, bien que malherido,
de tu cólera infernal.
Y no aquel tierno mancebo
lindo y débil era ya,
sino hombre de fortaleza,
valiente, orgulloso, audaz.

»Muy poco duró el combate,
pues su espada atravesar
logró mi pecho; y al punto
que en este mismo lugar
cayó sin vida mi cuerpo,
en el báratro infernal
se precipitó mi alma

por toda la eternidad.

»Mas Dios, en su omnipotencia,
dejándome para hablar
lengua, y ojos para verte,
porque así te convendrá,
mandóme en aqueste sitio
firme tu vuelta esperar,
y descubrirte el misterio
como lo he cumplido ya.»

Dijo, y la lengua en polvo convirtióse,
los fosfóricos ojos se apagaron,
a don Nuño las fuerzas le faltaron,
y en tierra como muerto desplomóse.

Bañó la fresca aurora
en púrpura el Oriente,
y en pos el Sol ardiente,
entre celajes que perfila y dora,
alzó con majestad la augusta frente.

Del soñoliento río
tornó el raudal en oro,
y nítido tesoro
en los prados las gotas de rocío,
y saludó a la torre obra del moro.

Y vio solo y desierto
el campo de Tablada,
de la noche pasada
con el vapor levísimo aun cubierto,
y su abundante hierba aljofarada.

Y de través derrama
por la inmensa Sevilla,
del orbe maravilla,
la pura lumbre de su hermosa llama,
que en altas torres y en palacios brilla.

E hiriendo de soslayo
una alta vidriera,
do ardiente reverbera,
en una pobre celda metió un rayo,
de un monasterio de los muros fuera.

Y dentro de ella, hundido,
casi fuera del mundo
en letargo profundo
alumbró a Nuño Garcerán, tendido,
en pobre lecho inmóvil, moribundo.

Y a un monje venerable
de rodillas al lado,
que el rostro al cielo alzado
ruega por aquel ente miserable
al Supremo Señor que lo ha criado.

Volviendo el religioso
de lejana alquería,
donde auxiliado había
a otro infeliz, cruzaba presuroso
el campo de Tablada antes del día;

y aquel hombre tendido,
sin herida, en el suelo
halló, y con santo celo,
de que aún no estaba muerto convencido,

en salvarlo cifró todo su anhelo.

Y de temor desnudo,
y tan solo ayudado
de su fervor sagrado,
lo transportó a su celda como pudo,
mas ya reputa inútil su cuidado,

cuando el rayo amoroso
del Sol bañó el semblante
del enfermo, y triunfante
de aquel febril letargo soporoso,
tornó la vida al seno palpitante.

Que el calor es la vida,
y el del Sol reanimando
a Garcerán, y dando
movimiento a su sangre detenida,
fue sus inertes miembros restaurando.

Y al que lloraba muerto
viendo de pronto vivo,
el monje compasivo,
y que torna a mover el cuerpo yerto,
prodígale el socorro más activo.

Abre Nuño los ojos,
sus mejillas de nieve
toman color, y mueve
los labios, de la Parca antes despojos,
y a raudales respira el aura leve.

Hondamente suspira,
al cabo se incorpora,

dónde se encuentra ignora,
asombrado en redor los ojos gira,
y del benigno Dios la ayuda implora.

El religioso, en tanto,
su caridad duplica;
en dónde está le explica,
y con santo fervor y celo santo
el más vivo interés le testifica.

Y Nuño, compulsado
acaso del tremendo
espectáculo horrendo,
que Dios en el letargo le ha mostrado,
y en lágrimas amargas prorrumpiendo,

confesión con ferviente
voz demanda anheloso,
y viendo el religioso
que ya el menor retardo no consiente,
en confesión le escucha silencioso.

•••

Con nueva vida y restaurado aliento,
y revolviendo Nuño la memoria,
de tantos años la terrible historia
al santo cenobita reveló.

Al cenobita, que escuchóla atento,
y que el nombre al oír del penitente,
cubrió de horrenda palidez la frente,
y cual de mármol gélido quedó.

Y de la confesión en el discurso,
ya las lágrimas queman su semblante,

ya el corazón del pecho palpitante
parece va a salir con ansiedad.

Ya da a suspiros dolorosos curso...;
mas tranquiliza la virtud su alma,
y en su rostro renuévase la calma
que dan la abnegación y caridad.

Nuño, convulso, ronco, anonadado,
de aquellos largos años que pasara
blasfemando de Dios con furia rara,
cual pudiera un espíritu infernal,

en la incredulidad precipitado,
abiertamente con el Cielo en guerra,
maldiciendo frenético a la Tierra,
y ansiando ver su destrucción final,

como si el santo Cielo bondadoso
para el acto solemne le volviera
de su antiguo vigor la fuerza entera,
hizo la más completa confesión.

Demostrando al prudente religioso
que Dios su corazón tocado había,
y que en él a raudales difundía
el bálsamo de humilde contrición.

Y cuando al concluir la penitencia
esperaba en la tierra prosternado,
de su pasada vida horrorizado,
dispuesto a renunciar al mundo atroz,

en pie el monje, mostrando en su presencia

noble que el Cielo santo le ilumina,
que arde en su mente inspiración divina,
así prorrumpe con solemne voz:

«¡Oh admirable, oh magnífica
Omnipotencia suma!...
¿Hay mortal que presuma
tus ocultos arcanos penetrar?

»¡Oh adorable, oh santísima
misericordia!... ¡Cuánto
es inmenso tu manto!
¿Quién no debe en tu amparo confiar?

»La gloria más espléndida,
¡oh Garcerán!, te aguarda,
si es que no te acobarda
la penitencia que te impone Dios.

»Corre, corre solícito
de León a la sierra,
a tu Patria, a tu tierra
de bienaventuranza eterna en pos.

»Allí del hondo báratro
todo el poder confunde,
sus asechanzas hunde,
y gánate la palma angelical.

»Con penitencias ásperas,
con oración constante,
con fe perseverante,
implora la clemencia celestial.

»Y señal segurísima
será de que la obtienes,
y que tu gracia tienes,
del Cielo santo singular favor,

»de una joya riquísima
el hallazgo impensado,
joya que de tu estado
restaurará la fama y esplendor.

»En cuanto brille fúlgida,
el cielo serenarse,
y el suelo engalanarse
de hermosos dones súbito verás.

»Y luego una flor cándida
a tus plantas nacida,
te anunciará otra vida,
y con ella a la gloria volarás.

»Porvenir tan magnífico
el Señor te reserva,
si en penitencia acerba
persistes, largos años de expiación.

»Y en el nombre santísimo
del Dios omnipotente
doy a tu humilde frente
de tu pasada vida absolución.

»Y ahora en tu seno estréchame
y al Cielo bendigamos,
porque aquí nos juntamos,
desventurado Nuño Garcerán.

»Llega, sí, reconóceme,
soy de Blanca el hermano,
y de tu hierro insano
aun las señales en mi pecho están.

»¡Oh juicios del Altísimo!...
Yo soy, yo, don García,
que de tu saña impía
logré salvarme en noche tan fatal,

»porque Dios piadosísimo
me eligió en el momento
para humilde instrumento
que te abriera el camino celestial.»

Diciendo así aquel monje venerable,
en cuyo labio Dios hablado había,
el macilento pecho descubría
con cicatriz en él honda, espantable;

y Nuño, en llanto de dolor deshecho,
en su seno se lanza confundido,
«¡Perdón..., perdón!», gritando arrepentido,
y quedan mudos en abrazo estrecho.

Tercera parte

¡Ay, qué aspecto tan triste y desolado
presenta el sitio un tiempo delicioso
do Nuño Garcerán tuvo su estado!

Desde el momento aciago y espantoso
en que de sangre pura fue inundada,

por la trama infernal de un alevoso,

y por la injusta mano emponzoñada
de un mortal fascinado y delirante,
¡cuánto la tierra aquella está mudada!

Del sañudo huracán, que en el instante,
de perpetrarse el crimen, repentino
descendió de los montes resonante,

en el confuso y raudo remolino
huertas, mieses, jardines perecieron,
y la alta encina y el robusto pino.

Y las nubes tronantes, que envolvieron
en ciega oscuridad toda la sierra,
con rayos el palacio confundieron.

Y con hondo bramar tembló la tierra,
y el torrente del valle a los alcores,
tornado turbio pronto, movió guerra;

sorprendidos labriegos y pastores
con tanta confusión y tal trastorno,
abandonaron chozas y labores.

Y huyeron a los montes del contorno,
de aquella noche en el horror tremendo,
muerte y desolación mirando en torno,

tal vez que era llegada ya, creyendo,
de este mundo la fin profetizada,
y el cataclismo universal y horrendo.
•••

Después, cuando la cólera apiadada
de Dios encadenó los aquilones,
y su faz mostró el cielo sosegada,

los cimientos no más de sus mansiones
encontraron aquellos desdichados,
rotos puentes, hundidos murallones,

en lodazal mefítico los prados,
o en arenal estéril convertidos,
riscos deshechos, límites borrados.

Rasos los bosques, yermos los ejidos,
y de volcados troncos, y maleza
los hondos barrancales invadidos.

Del soberbio palacio la firmeza
quebrantada, y ruina amenazando
los restos de su gloria y su grandeza.

Y aunque los infelices trabajando,
tentaron restaurar su patrio suelo,
contra desdichas tantas peleando,

tenaz se opuso el indignado Cielo,
por miras escondidas y profundas,
a que lograran su afanoso anhelo.

Pues sin vida las tierras infecundas
al asiduo labrar no respondían,
marismas sin verdor, charcas inmundas.

Con frecuente terror se repetían
los temblores de tierra, y del torrente

a su lecho las aguas no volvían.

Y mortífero el aire, y pestilente
con las muertas lagunas y pantanos,
era a hombres y ganados inclemente.

Y en las desnudas cumbres y en los llanos,
y en torno a las ruinas temerosas,
cruzaban lentas por los aires vanos,

hendiendo las tinieblas silenciosas,
blanquecinos fantasmas; y se oyeron
ayes, gemidos, voces lastimosas.

Y ya en aquel distrito no se vieron
pájaros, ni alimañas, que, desnudo,
selvas donde esconderse no tuvieron.

En fin, su estado miserable y rudo
triste horror a los propios naturales,
y amargo desaliento inspirar pudo.

Y abandonando aquellos cenagales,
de las ruinas y escombros retiraron
utensilios, maderas y metales.

Pero por más que ansiosos procuraron
hallar la imagen de la Virgen santa,
que en la hundida capilla veneraron,

y revolvieron de ella hasta la planta,
nególes misterioso el alto Cielo
alivio tal en desventura tanta.

Y con este dolor y desconsuelo,
en afligidas turbas de la tierra
emigraron, buscándose otro suelo.

Dejando de su Patria y de su sierra
tal fama en los contornos, que hasta el nombre
de aquel estado como infausto aterra.

Y no hay a quien de lejos no le asombre,
y nadie osa acercarse a su distrito,
do en treinta años el pie no estampó un hombre
del Señor reputándolo maldito.

•••

Volviendo de Compostela,
adonde se fue don Nuño,
antes de empezar la vida
que su confesor le impuso,

a orar del patrón de España
en el sagrado sepulcro,
y a pedir al Cielo ayuda
con tan poderoso influjo;

peregrino, penitente,
escuálido y taciturno,
de tosco sayal vestido,
con nombre vulgar y oscuro;

después de fatigas grandes,
después de trabajos muchos,
después de treinta y tres años
que ha vagado por el mundo;

cuando de él nadie se acuerda,

ni de él habla más el vulgo,
de su estado en los linderos
el pie descarnado puso.

Y reconociendo apenas
de aquellas lomas los bultos,
y los sitios do la infancia
feliz y tranquila tuvo,

extiende la ansiosa vista
buscando recuerdo alguno,
y no le hallaron sus ojos,
de amargas lágrimas turbios.

Detiénese horrorizado,
acobárdase confuso,
y echa menos los desiertos
de la otra parte del mundo.

Y casi, casi espantado
del deber que allí le trujo,
vaciló, dudó, y la planta
a volver atrás dispuso.

Mas ayudado y repuesto
por la mano del Ser Sumo,
empezó su penitencia
avanzando resoluto.

Cruza horrendos pedregales
donde antes bosques robustos,
y cenagosos pantanos
donde productores surcos.

Y en vez de risueños riscos
vestidos de hiedra y musgo,
ve montes de tosca arena
y barrancales profundos.

Ni reconoce el torrente,
que ha trastornado su curso,
y turbio se rompe y salta
entre peñascos desnudos.

Y cuando al valle desciende
el asombrado don Nuño,
la gran soledad le aterra,
le da el gran silencio susto.

En el lugar do el antiguo
palacio alzaba sus muros,
de almenaje coronados,
y de pomposos escudos,

ve horrendo montón de escombros,
que forman informe bulto,
sin dejar de lo que han sido
rastro ni indicio ninguno.

Pero, ¡ay triste!, reconoce,
por un misterioso impulso,
el funesto sitio donde
de la virtud fue verdugo.

Ni sombra del jardín queda,
pero el sitio donde estuvo
el cenador reconoce
en medio del campo inculto.

Pues hay un breve cuadrado,
donde solo de fecundo
da señal aquel terreno
tan árido y tan desnudo.

Está cubierto de césped
aljofarado, y no mustio,
do silvestres florecillas
ostentan frescos capullos.

Juzgárase algún tapete
de caprichoso dibujo,
que allí se dejó olvidado
perdido viajero turco.

O un oasis en miniatura,
invisible y breve punto
que el germen de vida guarda
de aquel inmenso sepulcro.

Nuño Garcerán presume,
por alto celeste influjo,
que allí descansan los restos
de aquel ángel que fue suyo.

Y la faz contra la tierra,
horrorizado, convulso,
lanzando del hondo pecho
gemidos y ayes profundos,

llora, reza, pide, espera,
teme, duda, y en agudos
gritos prorrumpe, que el eco

repite en sones confusos.

Y al cabo, exánime, yerto,
tendido, sin voz, sin pulso,
allí pasó largas horas,
aun más que vivo, difunto.
•••
En una profunda cueva,
que los trastornos pasados,
al desplomarse dos riscos
entre uno y otro dejaron,

halló el nuevo penitente
para las noches reparo;
y de ella hizo la morada
donde pasó luengos años.

Trazó una rústica cerca
en torno del breve espacio
que depósito juzgaba
de los restos adorados.

Y una cruz rústica en medio
hecha de dos secos ramos
levantó, y allí de hinojos
deshacíase llorando.

Referir las privaciones
los tormentos, los quebrantos,
los temores, las vigilias,
los sustos, los sobresaltos,

que en aquel inculto yermo,
que en aquel desierto campo,

padeció constante y firme
el arrepentido anciano,

fuera no acabar. Las noches
las pasaba circundado
de espectros y de fantasmas,
de visiones y de trasgos.

Y si con fervientes rezos
conseguía disiparlos,
y dar a su cuerpo débil
un momento de descanso,

ya los ecos del torrente,
ya el rumor del viento vago,
ya de las aves nocturnas
los alaridos infaustos

llegaban a sus oídos
como clamores humanos,
su breve y ligero sueño
interrumpiendo y quebrando.

La mayor parte del día
la pasaba prosternado
de doña Blanca en la tumba,
hecho el corazón pedazos.

Y si acaso recorría
valle y monte solitarios,
los recuerdos de su infancia
y las dichas de otros años,

y de sus tiernos amores

las delicias y los lazos,
eran tormento espantoso
de su pecho destrozado.

Ni dejó de perseguirlo
el infierno, separarlo
queriendo de aquella senda
de penitencia y de llanto,

presentándole a la vista,
ya temores, y ya halagos,
ya memorias importunas
de orgullo, poder y mando.

Cuántas veces al lúgubre
morir de hermoso día,
cuando en vapores férvidos
su melena envolvía,
como cadáver pálido
el moribundo Sol,

y de celajes lívidos
de grana perfilados
adornaba la atmósfera,
tiñendo los nublados
al ocaso más próximos
de nítido arrebol,

el penitente tétrico,
sobre un risco eminente,
el rostro melancólico,
inclinada la frente,
por un inmenso cúmulo
de recuerdos vagó.

Y girando su espíritu
de la memoria en brazos,
por las pasadas épocas,
cual pudiera en los lazos
de ensueño profundísimo,
presentes las miró.

En la niebla que alzábase
la llanura borrando
y en las sombras fantásticas,
que iban los montes dando,
vio con ojos atónitos
transformaciones mil.

Ya los ricos alcázares
de la gentil Granada,
y cual su hueste intrépida
triunfaba, entusiasmada
con el pendón católico,
orillas del Genil.

Del combate el estrépito
y el gran rimbombe oía,
y las banderas árabes
a sus plantas veía,
y su celada fúlgida
ornada de laurel.

Se hinchaba su alma mísera
con la antigua victoria,
anhelaba frenético
nuevos días de gloria;
y las artes diabólicas

casi triunfaban de él.

Ya mudándose rápida
aquella vista extensa
del borrascoso Atlántico
ve la llanura inmensa,
y alzar sus ondas túrgidas
bramando el Aquilón;

y cruzar impertérrita
una nave española
aquel airado piélago,
frágil, cascada, sola,
pero firme, que anímala
el alma de Colón.

Él, dentro de ella júzgase,
y que miran sus ojos
del nuevo mundo incógnito,
entre celajes rojos
la tierra feracísima,
cual él la descubrió.

Y luego ve las hórridas
batallas fabulosas,
de bárbaros sin número
las huestes espantosas,
y oye los terroríficos
atabales que oyó.

Y al fin ve a la gran México,
la reina de Occidente,
la orgullosa, la espléndida,
humillar la alta frente

del general hispánico,
que él ayudó, a los pies.

    Y vese en tan magníficos
combates el primero,
y goteando cálida
sangre su noble acero,
y aplaudirle los héroes,
y el mismo Hernán Cortés.

    Y la espada fulmínea
y la lanza echa menos,
de cañones horrísonos
ansía escuchar los truenos
otra vez, y avergüénzase
de su humilde sayal;

    pues su alma ensoberbécese
y casi triunfa de ella,
y sus santos propósitos
confunde y atropella
el aliento satánico
de espíritu infernal.

    Mas el celeste espíritu,
que en torno de él volando
lo defiende solícito
del diabólico bando,
con sus alas angélicas
le tocaba la faz.

    Y en sí tornando, trémulo
al Señor invocaba,
y con acerbas lágrimas

su piedad imploraba
contra las artes pérfidas
del infierno tenaz.

Y armándose con ásperos
cilicios y oraciones,
tales escenas mágicas,
y tales tentaciones,
y visiones maléficas
al cabo disipó.

Y persistiendo impávido
en santa penitencia,
el perdón de sus crímenes
y limpiar su conciencia
de tantas nubes lóbregas
venturoso logró.

Mas no desiste el espantoso infierno
de combatir las almas que el Eterno
elige para sí.

Y torna furibundo a la pelea,
aunque mil veces destrozado sea,
como ya lo fue allí.

En Garcerán con nuevas tentaciones
y falaces recuerdos, y visiones
tornó mano a probar,

de la misericordia soberana,
que es tan inmensa con la raza humana,
haciéndole dudar.

Y en las noches silenciosas
turbaba con espantosas
voces a aquel desdichado,
dejándole en el estado
que no es velar ni dormir.

Y el infelice creía
que un mar de sangre veía,
que la caverna inundaba,
y que «venganza» sonaba
en su espantoso rugir.

Y que una mujer hermosa
en él nadaba angustiosa,
con el postrimer anhelo
venganza pidiendo al Cielo
del monstruo que allí la hundió.

Y reconocía en ella
infeliz a Blanca bella,
y en sí mismo al monstruo insano,
que en el sangriento Océano
brutal la precipitó.

Al grito de la cuitada,
con horrenda carcajada
el infierno respondía,
y «venganza» repetía
con aplausos de furor.

Y él entonces imaginaba
que al Cielo humilde invocaba;
pero que el Cielo, indignado,
a sus plegarias cerrado,

desechaba su clamor.

•••

Otras veces a Rodrigo,
a su falso y vil amigo,
delante de sí veía,
que riendo le decía:
«¿Qué haces aquí, Garcerán?

»Todas estas penitencias
son inútiles demencias,
y no tienen eficacia;
pues las fuentes de la gracia
para ti secas están.

»Ven, amigo,
ven conmigo
a blasfemar
de ese Cielo,
que es de hielo
a tu llorar.

»Ven conmigo al infierno
a hacer eterna guerra al Ser eterno.»

Y luego con risa horrenda
le mostraba la tremenda
escena, que aparecía
entre niebla vaga y fría
del funesto cenador.

Y Nuño otra vez miraba
a su esposa, que estampaba
de un joven en el hermoso
rostro aquel beso amoroso,

principio de su furor.

•••

A doña Blanca, indignada,
otras veces, asomada
por rotos nublados llenos
de relámpagos y truenos,
juzgaba ver ante sí.

Que a puñados de la herida
sacando sangre encendida,
y arrojándola inclemente
sobre su confusa frente,
feroz gritábale así:

«No maldito,
a tu delito
no hay perdón.
Dios, airado,
ha pronunciado
maldición.

»Húndete con Rodrigo,
que a ninguno perdono, a ambos maldigo.»

Y era tan fuerte y tremenda
en la pesadilla horrenda,
de las falaces visiones
y de aquellas expresiones
la bien fingida verdad;

y del dormido en la mente
obraban tan hondamente,
que al mísero confundían
y en un abismo lo hundían

no esperando ya piedad.

Y en tan horrible despecho,
el árido hinchado pecho
con las uñas destrozaba,
y en tierra se revolcaba
con horrenda convulsión.

Pero el ángel, que constante
lo guardaba vigilante,
con las alas en la frente
le tocaba, y de repente
le calmaba el corazón;

despertando, pronunciaba
de Dios el nombre, y lograba
desvanecer los ensueños
y triunfar de los empeños
del espíritu infernal.

Y aumentando cada día
con más fe y santa porfía,
y en Dios con más confianza
sus penitencias, alcanza
gracia y perdón celestial.

•••

Sí; que después de lucha prolongada
por más de cinco años
con las artes diabólicas y engaños,
vida Nuño logró más sosegada.

Y ya las tiernas lágrimas copiosas
que en la tierra vertía
donde su amada víctima yacía

le eran refrigerantes y sabrosas.

Y cuando oraba con fervor vehemente
descendía del cielo
un rayo de esperanza y de consuelo,
que iluminaba su arrugada frente.

Y empezó en el terreno a ver señales
de que Dios, apiadado,
iba a volverlo a su primer estado
y a terminar sus angustiosos males.

Y con el vigor y celestial consuelo
que sentía en el alma,
gozoso conoció que ya la palma
le preparaba de su triunfo el Cielo.
•••
Una noche sosegada
de apacible primavera,
después de orar fervoroso
el penitente en su cueva,

salió a gozar de la Luna,
que entre nácares risueña,
de aquel campo iluminaba
el llano y las eminencias.

Y en santas meditaciones
absorto, sus pasos lleva,
sin dirección, distraído,
del torrente a la ribera.

Allí otra vez, de rodillas,
por un largo espacio reza,

y después asiento toma
en una desnuda piedra.

Y respirando en sosiego
las auras mansas y frescas,
que con alas invisibles
revolaban placenteras,

levanta hacia el firmamento
la venerable cabeza,
y los ya apagados ojos
clava en la bóveda inmensa.

Y del Creador adorando
el poder y la grandeza,
aquel espacio magnífico
que lo cobija contempla.

Y ve entre vagos vapores
cómo giran los planetas
y dan sus trémulas luces
las rutilantes estrellas,

y ve los leves celajes,
que clara Luna platea,
volar, cambiando sus formas,
caprichosas y ligeras.

Después revuelve la vista
con desdén sobre la tierra,
notando entre ella y el cielo
la distancia y diferencia.

Y ve aquellos arenales,

y aquellas peladas quiebras,
y aquellas muertas lagunas,
y se estremece, y se hiela.

Y por la llanura luego,
tan silenciosa y desierta,
tiende medroso la vista,
que se pierde en las tinieblas.

Cuando, sorprendido, advierte
por una rambla de arena
venir, sin susto y tranquila,
una hermosa, blanca, cierva.

Teme que del hondo infierno
escondida trama sea,
con que acaso le prepara
alguna asechanza nueva.

Fervoroso se santigua,
el santo rosario besa,
y, preparado a la pugna,
cruza las manos y espera.

La gallarda cierva, en tanto,
siguiendo la misma senda,
sin mostrar recelo alguno
hasta el solitario llega.

Y como si acostumbrada
al trato humano estuviera,
y por la mano del hombre
a vivir desde pequeña,

tan sin recelo se avanza,
tan cariñosa se acerca,
tal candor muestra en los ojos,
en su balar tal terneza,

y atenciones y caricias
parece demanda y ruega,
con expresión tan sencilla,
y con humildad tan tierna,

que resistirse no pudo
el prudente anacoreta
(tal vez impulso secreto
que no comprende le alienta),

y la seca mano extiende
sobre la erguida cabeza,
y halaga, la hirsuta espalda
de la cariñosa cierva.

La cual, con mil ademanes
inteligibles, y nuevas
miradas, y otros balidos,
y acciones a su manera,

indícale que le siga,
y que se vaya tras ella,
y aun le tira con la boca
del sayal y la correa.

Otra vez el penitente
algún engaño sospecha,
y con fervoroso labio
a la Virgen se encomienda.

Mas de espíritu invisible,
distinta y clara, resuena
una voz en sus oídos,
que le dice: «Nada temas.»

Levántase decidido,
y en Dios su confianza puesta,
sigue con incierto paso
del manso animal las huellas.

Déjase atrás el torrente,
la ancha llanura atraviesa,
y no lejos de aquel sitio
que tumba de Blanca era,

tras de su graciosa guía
un manso collado trepa
que tiene en su fácil cumbre
un grupo de toscas peñas.

Ante él la cierva se para,
otra vez revuelve atenta
al penitente los ojos,
cual rutilantes centellas,

lanza un agudo balido
que voz humana asemeja,
que dice: «¡Aquí!», y de repente
por los peñascos penetra,

metiéndose en sus entrañas,
sin dejar rastro ni puerta,
cual si atravesara solo

delgada, impalpable niebla.

Pasmado queda don Nuño,
y su pasmo se acrecienta
oyendo en aquellos riscos
como una celeste orquesta.

Y viendo que se deshacen,
como si humo leve fueran,
descubriendo allá en su centro
una capilla pequeña,

de blancas congelaciones,
que cristal parecen, hecha,
y de luces alumbrada,
que son pedazos de estrellas.

Y sobre un altar de césped
divisa la imagen bella
de la Virgen soberana,
que es de los ángeles reina.

La misma sagrada imagen
que en la derrocada iglesia
del palacio hundido culto
luengos años recibiera;

protectora de su estado,
y de su familia egregia,
de sus vasallos consuelo,
y amparo de aquellas tierras;

y la que, afable, le anuncia
que logró gracia completa,

y perdón el más cumplido
de la santa Omnipotencia,

Según le anunciara el labio
de su confesor profeta,
cuando, inspirado, le impuso
la cumplida penitencia.

Deslumbrado, el penitente
cae de hinojos en la yerba,
y entona solemne salve
con el alma y con la lengua.

Salve que de querubines
un coro que le rodea
repite, y hasta los cielos
sus puros acentos lleva.

Referir lo que en el alma
pasó del anacoreta,
los consuelos y los gozos,
los confortes, las ternezas,

que a raudales en su pecho
derramó la Providencia,
dando a sus maceraciones
la más amplia recompensa,

no puede mi humilde labio,
ni hay voz mortal que lo pueda,
pues son cosas que se esconden
a la humana inteligencia.
•••
Tras noche tan solemne, a la mañana,

cuando el fúlgido Sol en el Oriente,
sobre celajes nítidos de grana,
alzó con majestad la augusta frente,
de luz la inmensa bóveda del cielo
inundando, y de luz el bajo suelo,

   quedó admirado de León la sierra
al penetrar y al ver en sus entrañas
aquella antes maldita árida tierra
tornada en feracísimas campañas,
y que no era la misma juzgó acaso
que la tarde anterior vio desde ocaso.

   Pues en el punto en que la imagen santa
de la Virgen, amparo y protectora
de aquel terreno, tras de ausencia tanta,
a aparecer volvió de paz aurora,
la sonrisa de Dios omnipotente
fecundó aquellos campos de repente.

   Y mucho más feraces que lo fueron
en un instante solo germinaron,
y a las nubes los árboles subieron
en el momento mismo en que brotaron.
En praderas verdosas cual ningunas
tornáronse arenales y lagunas.

   Matorrales espesos, frescas flores
cubrieron las laderas y las lomas,
y los antes mefíticos vapores
eran ya salutíferos aromas,
pues humilde el torrente entre juncales
derramaba purísimos cristales.

Y de aves no nacidas los acentos,
en bosque improvisado y en floresta,
los antes mudos y callados vientos
tornaron suaves en alegre orquesta,
que al santo simulacro, no a la aurora,
saludaban con música sonora.

Y hasta de aquellas fúnebres ruinas,
que parecían huesos insepultos
de algún titán, con hierbas repentinas
se revistieron los informes bultos,
y hiedras espontáneas en festones
las ornaron con frescos pabellones.

Que tanto en solo un punto alcanza y puede,
para aliviar al pecador contrito,
a quien su gracia y su perdón concede
la piedad del Señor, sumo, infinito,
después de una constante penitencia,
de la Virgen sin mancha la influencia.

Del suelo el felicísimo trastorno
pronto advierten las gentes convecinas,
y de las altas cumbres del contorno
observan sus llanuras y colinas;
y un nuevo Edén advierten de concierto
do antes, horrorizados, un desierto.

Y del rico terreno y grato clima
llevados, ya se acercan cazadores,
ya algún rebaño retozón se arrima,
ya una choza levantan los pastores,
ya diestro agricultor osa avanzarse,
y poco a poco, así tornó a poblarse.

Y de la Virgen pura la capilla
se vio adornada de votiva ofrenda,
y en ella la quemada cera brilla,
sin faltar quien la lleve y quien la encienda;
que de la santa imagen los favores
cundieron por los nuevos pobladores.

•••

Dándole gracias fervientes
a Dios por tantas bondades,
el tranquilo penitente
gozaba del bien presente
tras tantas calamidades.

Mientras que duraba el día
al culto lo consagraba
de la imagen de María,
y más afán no tenía
ni más amor le animaba.

Y cuando a hundirse en ocaso
bajaba cansado el Sol,
y con resplandor escaso
las nubes que hallaba al paso
esmaltaba de arrebol,

a la tumba el venerable,
que guarda a su esposa bella,
llevaba la tarda huella,
y con consuelo inefable
de hinojos rezaba en ella.

Y allí a la Luna veía
aparecer tras los montes,

y cómo lenta subía
por la bóveda vacía
a ilustrar los horizontes.

Y cuando ya de luceros
la inmensidad se adornaba
con brillantes reverberos,
porque los rayos postreros
del Sol la noche borraba,

en éxtasis delicioso
se levantaba su mente,
y vagaba libremente
por un mundo misterioso,
del nuestro muy diferente,

como el águila caudal,
que en un mar de luz navega,
sobre las nubes despliega
las alas, y hasta el umbral
del palacio del Sol llega.

Pues conseguida la palma
del soberano perdón,
sin que infernal tentación
pueda ya turbarle el alma
ni entibiar su devoción,

su espíritu se elevaba
como el humo del incienso,
la fe ardiente le guiaba,
y las dichas columbraba
de su porvenir inmenso.

Abrazado de una cruz
al firmamento subía,
y en piélagos de alegría,
y en campos de eterna luz,
venturoso, se perdía,

los aromas respirando
de celestiales jardines,
y aquel perfume gozando
del aliento puro y blando
de los santos serafines,

y oyendo aquella armonía,
que soles sin cuento dan
cuando tan seguros van,
como que es Dios quien los guía,
por la alta esfera en que están.

En ensueño vaporoso
otras veces embebido,
figurábase dormido
en un prado delicioso
sobre el herbaje mullido.

Que eran guirnaldas de rosa
sus cilicios; su sayal,
glorioso manto real,
y su ancianidad rugosa,
la juventud más cabal;

porque miraba a su alma
sin la corteza exterior,
cercada de resplandor,
coronada con la palma

de la gracia del Señor.

Envuelto se imaginaba
en balsámicos vapores
de las más fragantes flores
que el manso viento halagaba
robándoles sus olores.

Y que al través, tras de aquéllos,
notaba de cuando en cuando
cruzar fúlgidos destellos,
y eran los ángeles bellos
en torno de él revolando.

Y luego abrirse veía
el cielo, gran esplendor
derramando en derredor
y que en medio de él venía
la imagen del casto amor.

La de su esposa adorada
en pie sobre niebla leve,
de albas rosas coronada,
y de túnica velada
muy más blanca que la nieve.

Y en el pecho, do la herida
le hizo la daga homicida
mostraba un claro rubí
como estrella carmesí,
con luces de eterna vida.

Y Garcerán, venturoso,
la dulce visión miraba,

que hasta junto de él llegaba
con rostro tan amoroso,
que el corazón le robaba.

Y una plática emprendían
tan tierna, sabrosa y pura,
de tanto amor y dulzura,
y de cosas discurrían
de tan sublime ventura;

Y con tan santos extremos
y con expresiones tales
que apenas las comprendemos,
y que explicar no podemos
los infelices mortales.

Cuando la visión aquella
celestial desaparecía,
el penitente creía
que al retirarse la bella
doña Blanca le decía:

«Ven, Garcerán. ¿Por qué tarda
en venir a mí tu amor?...
Sube a otra vida mejor.
¿Qué te arredra y te acobarda?...
Ven, que te espera el Señor.»

Así, en gratas ilusiones,
dichosas horas pasaba,
y su viaje preparaba
a las eternas mansiones,
adonde Dios lo llamaba.

•••

Vino, tras de hermoso día,
una tarde deliciosa,
en que de morado y rosa
la atmósfera se vistió.

Y a la tumba cual solía,
ya de aliento y vida escaso,
con lento y con débil paso
Nuño Garcerán llegó.

Cual nunca las florecillas
y aquella abundante yerba,
que el breve espacio conserva,
lozana juzgó encontrar.

Y sobre ellas, de rodillas,
en dulce y celeste calma,
no con la voz, con el alma,
comenzó, devoto, a orar.

El Sol, desde el Occidente,
entre nubes, de soslayo
moribundo metió un rayo
hasta aquel sitio de paz,

como si del penitente
despedirse pretendiera,
y el último beso diera
a su venerable faz.

A su luz roja, expirante,
ve don Nuño un tallo hermoso
del suelo brotar frondoso,
y alzarse con rapidez,

pues en brevísimo instante
se desarrolla, florece,
y una azucena aparece
de celeste candidez.

La admira cual milagrosa,
y a un impulso soberano
lleva la trémula mano
y la arranca de raíz.

Y con ella venturosa,
dejando en el mismo punto
en tierra el cuerpo difunto,
voló a Dios su alma feliz.

Y aquella pura azucena
fue la vencedora palma
con que, engrandecida, el alma
de Nuño en el Cielo entró.

Y de nuevas gracias llena
aquella flor, desde el Cielo,
a la Tierra en raudo vuelo
un ángel restituyó.

Pues la hallaron colocada
a la mañana siguiente,
lozana, resplandeciente,
consuelo de todo afán,

ante la imagen sagrada
de la Virgen sin mancilla,
en la rústica capilla
que descubrió Garcerán.

Libros a la carta

A la carta es un servicio especializado para
empresas,
librerías,
bibliotecas,
editoriales
y centros de enseñanza;
y permite confeccionar libros que, por su formato y concepción, sirven a los propósitos más específicos de estas instituciones.

Las empresas nos encargan ediciones personalizadas para marketing editorial o para regalos institucionales. Y los interesados solicitan, a título personal, ediciones antiguas, o no disponibles en el mercado; y las acompañan con notas y comentarios críticos.

Las ediciones tienen como apoyo un libro de estilo con todo tipo de referencias sobre los criterios de tratamiento tipográfico aplicados a nuestros libros que puede ser consultado en Linkgua-ediciones.com.

Linkgua edita por encargo diferentes versiones de una misma obra con distintos tratamientos ortotipográficos (actualizaciones de carácter divulgativo de un clásico, o versiones estrictamente fieles a la edición original de referencia).

Este servicio de ediciones a la carta le permitirá, si usted se dedica a la enseñanza, tener una forma de hacer pública su interpretación de un texto y, sobre una versión digitalizada «base», usted podrá introducir interpretaciones del texto fuente. Es un tópico que los profesores denuncien en clase los desmanes de una edición, o vayan comentando errores de interpretación de un texto y esta es una solución útil a esa necesidad del mundo académico.

Asimismo publicamos de manera sistemática, en un mismo catálogo, tesis doctorales y actas de congresos académicos, que son distribuidas a través de nuestra Web.

El servicio de «libros a la carta» funciona de dos formas.

1. Tenemos un fondo de libros digitalizados que usted puede personalizar en tiradas de al menos cinco ejemplares. Estas personalizaciones pueden ser de todo tipo: añadir notas de clase para uso de un grupo de

estudiantes, introducir logos corporativos para uso con fines de marketing empresarial, etc. etc.

2. Buscamos libros descatalogados de otras editoriales y los reeditamos en tiradas cortas a petición de un cliente.